A Pointy I

Name ______________________________

Dot-to-Dot 0–10

2

4

0

6

8

10

Galloping in the Sea

Name ____________________ Dot-to-Dot 2–12

A Flying Fish

Name ____

Dot-to-Dot 0–14

12

14

10 •

0

4

2

6

8

Fancy Fish

Name ____________________ Dot-to-Dot 2–16

Swim On!

Name ____________________ Dot-to-Dot 0–15

A Fishy Tooth

Name ____________________ Dot-to-Dot 3–18

3 6 9 12 15 18

Sharpy Swordfish

Name ______________________________ Dot-to-Dot 3–26

26
24
21
18
15
3
9
12
6

Sundial on the Shore

Name ____________________ Dot-to-Dot 9–36

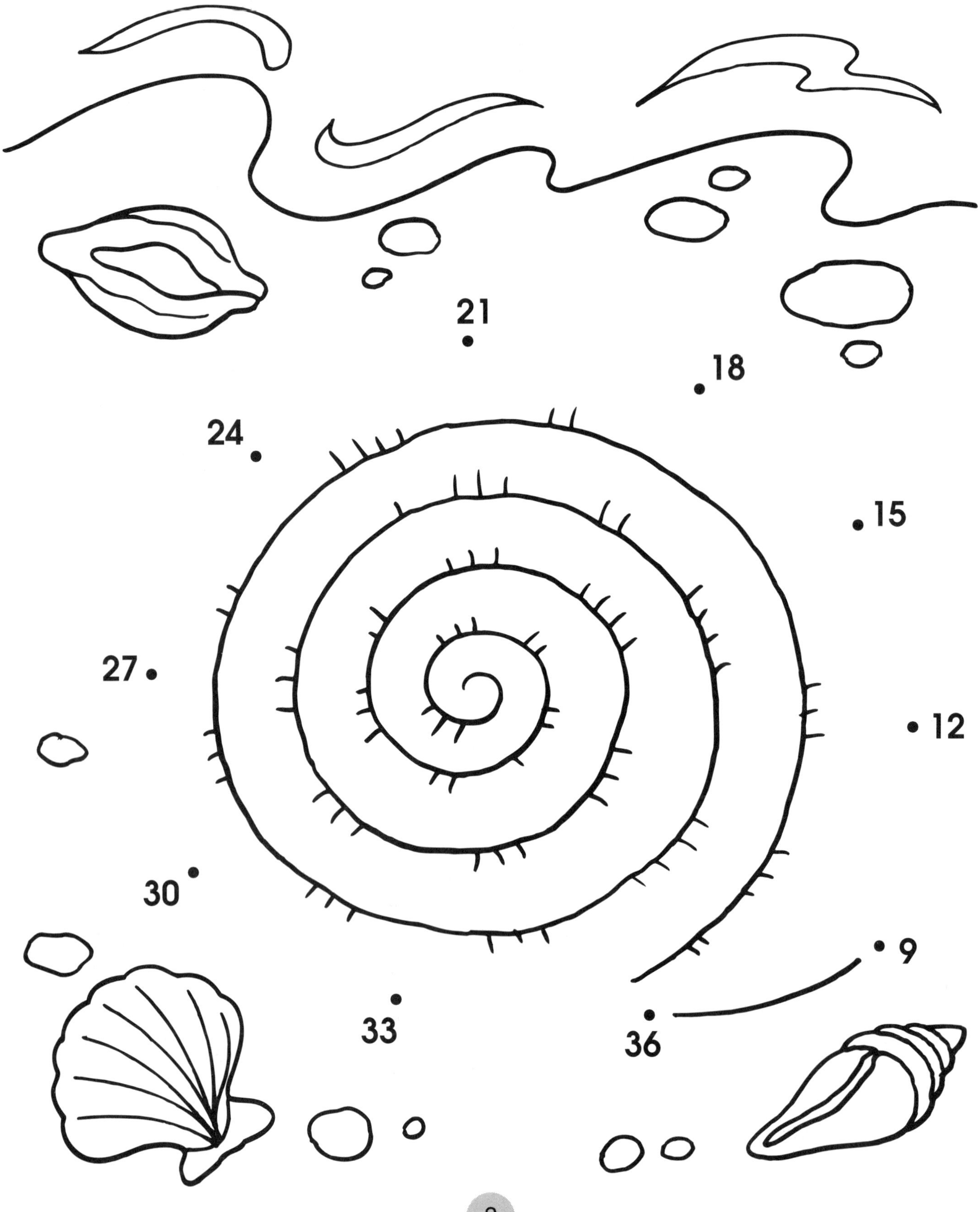

21

18

24

15

27

12

30

9

33

36

A Friendly Sea Lion

Name ______________________________ Dot-to-Dot 2–20

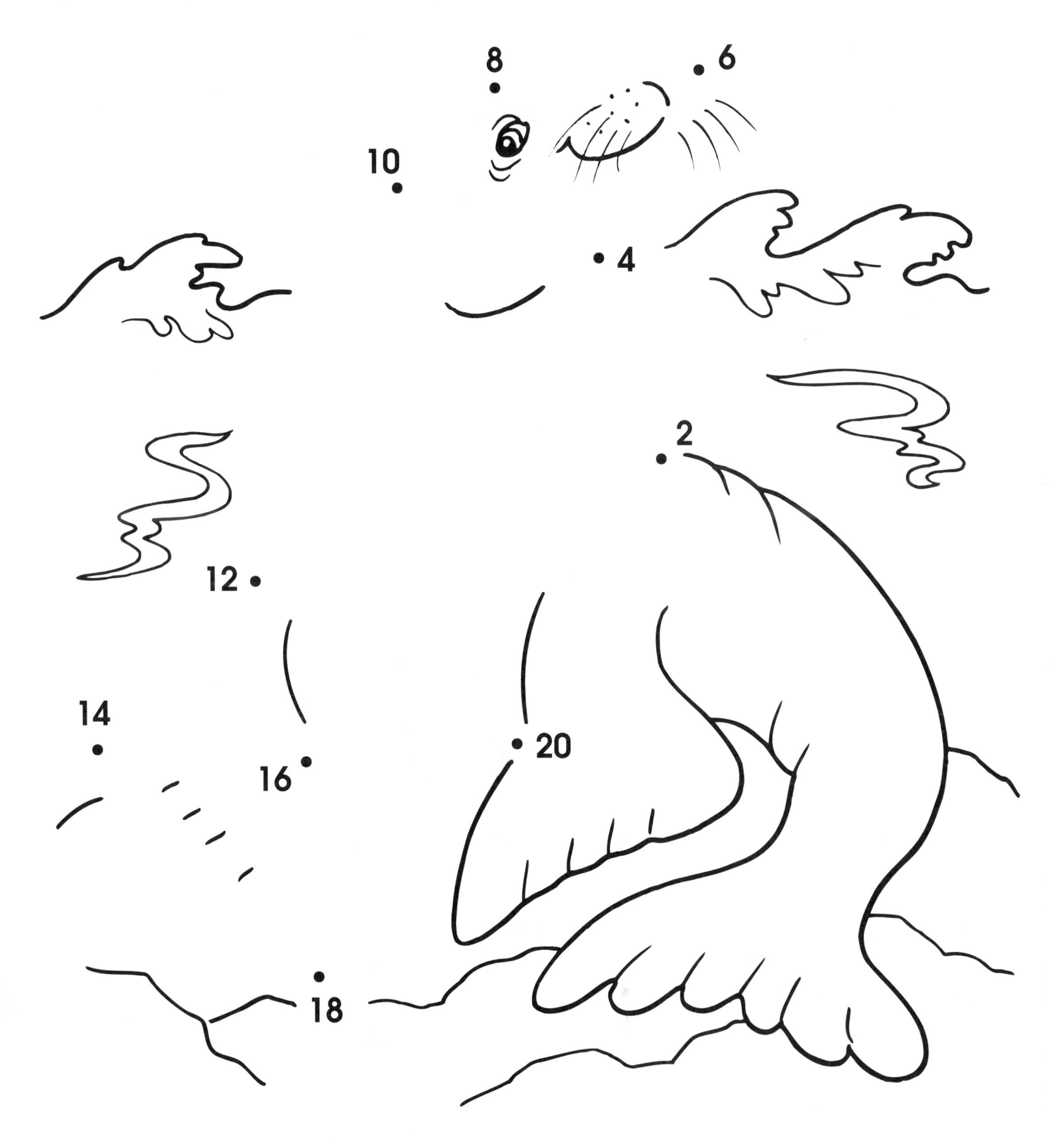

Cuddle a Cuttlefish

Name ______________________________ Dot-to-Dot 8–24

Two Friends

Name ____________________ Dot-to-Dot 8–26

Soldier of the Sea

Name ______________________________________ Dot-to-Dot 10–28

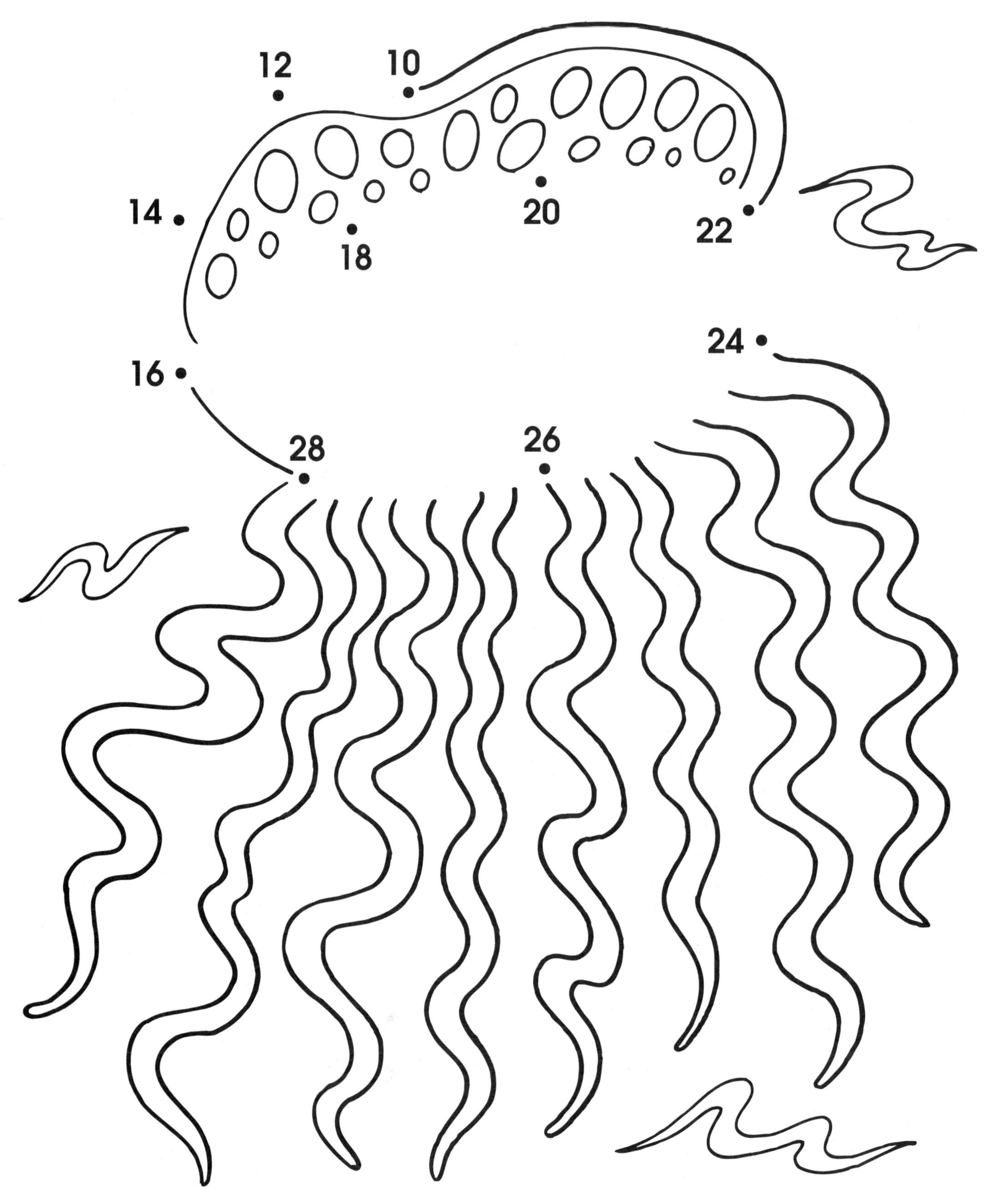

On the Sea Floor

Name ____________________ Dot-to-Dot 0–33

12

15

9

6

18

3

0

21

24

27

30

33

A Smart Coral

Name ____________________ Dot-to-Dot 9–54

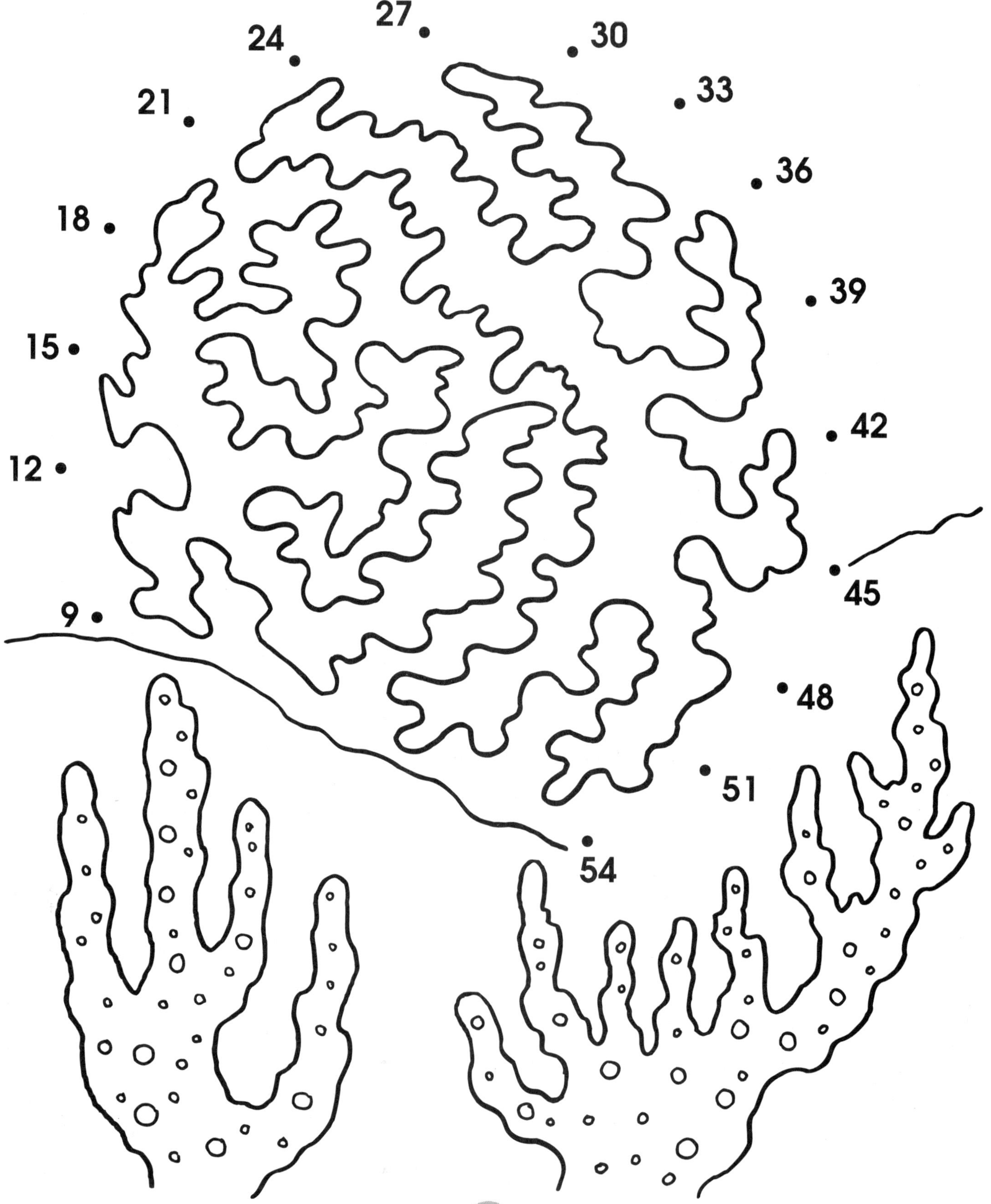

Hermit Crab's New Home

Name ____

Dot-to-Dot 12–48

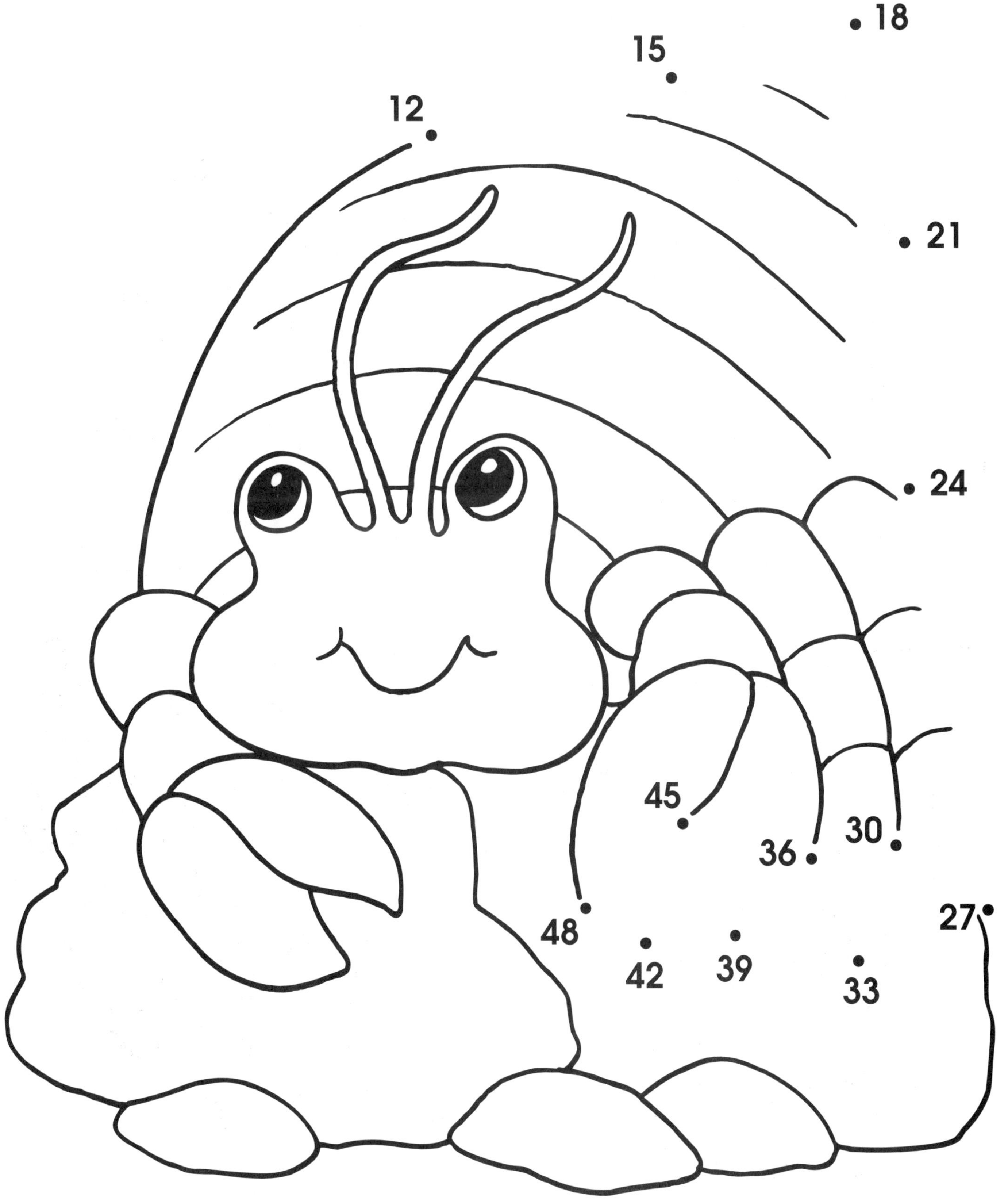

A Big Walrus

Name ____________________ Dot-to-Dot 15–43

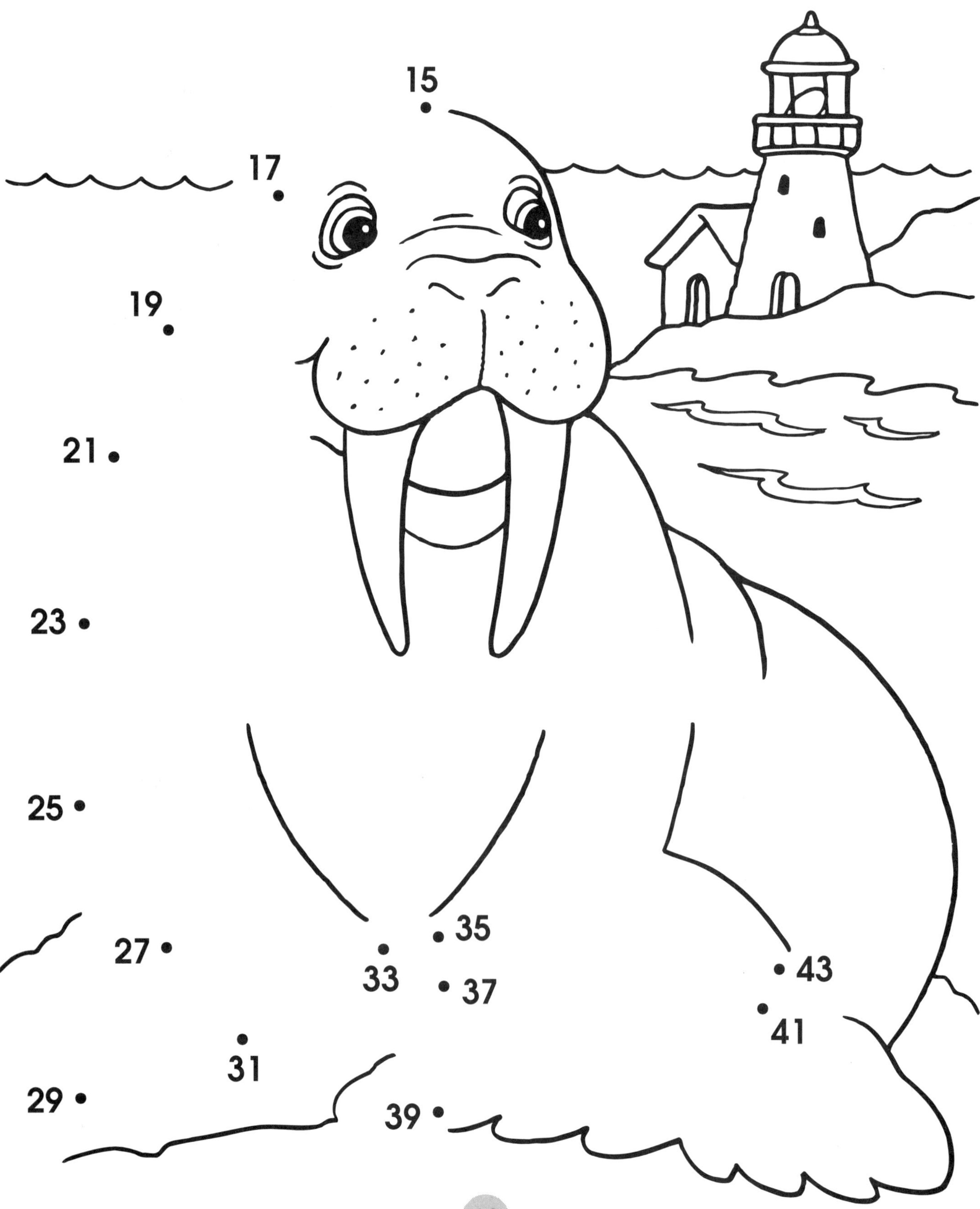

The Manta Ray

Name ______________________________ Dot-to-Dot 10–36

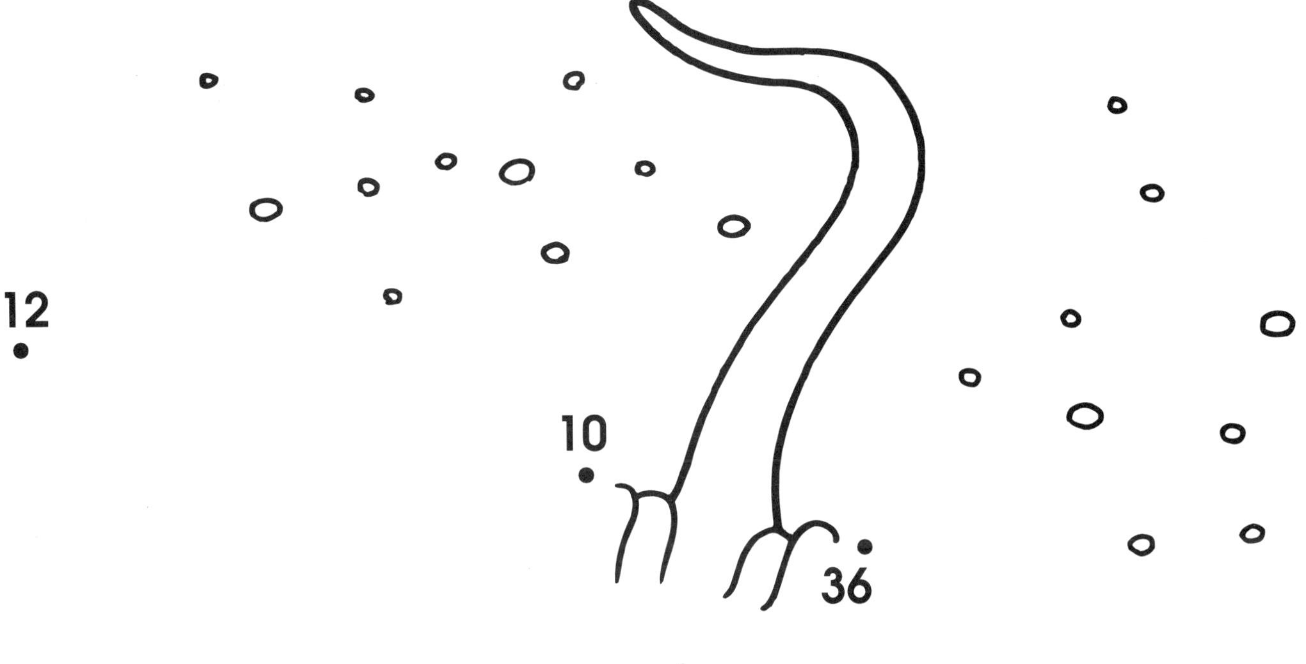

14

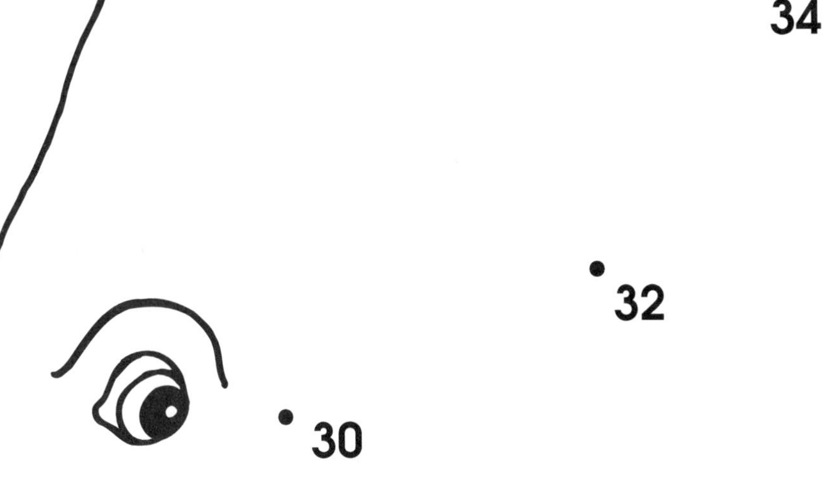

16

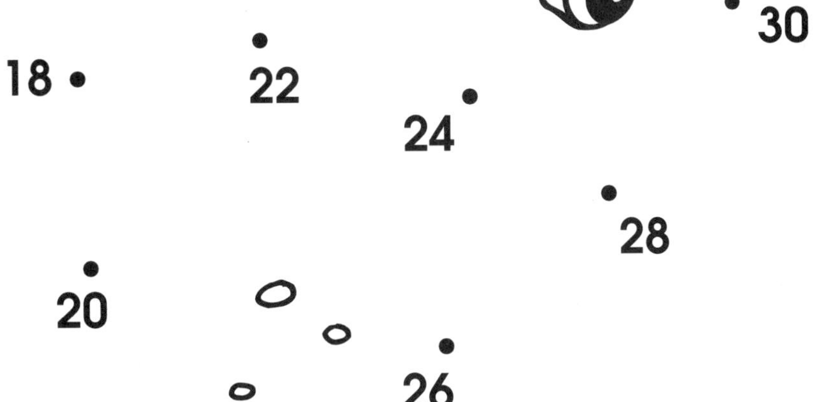

A Long Fish

Name ____________________

Dot-to-Dot 12–38

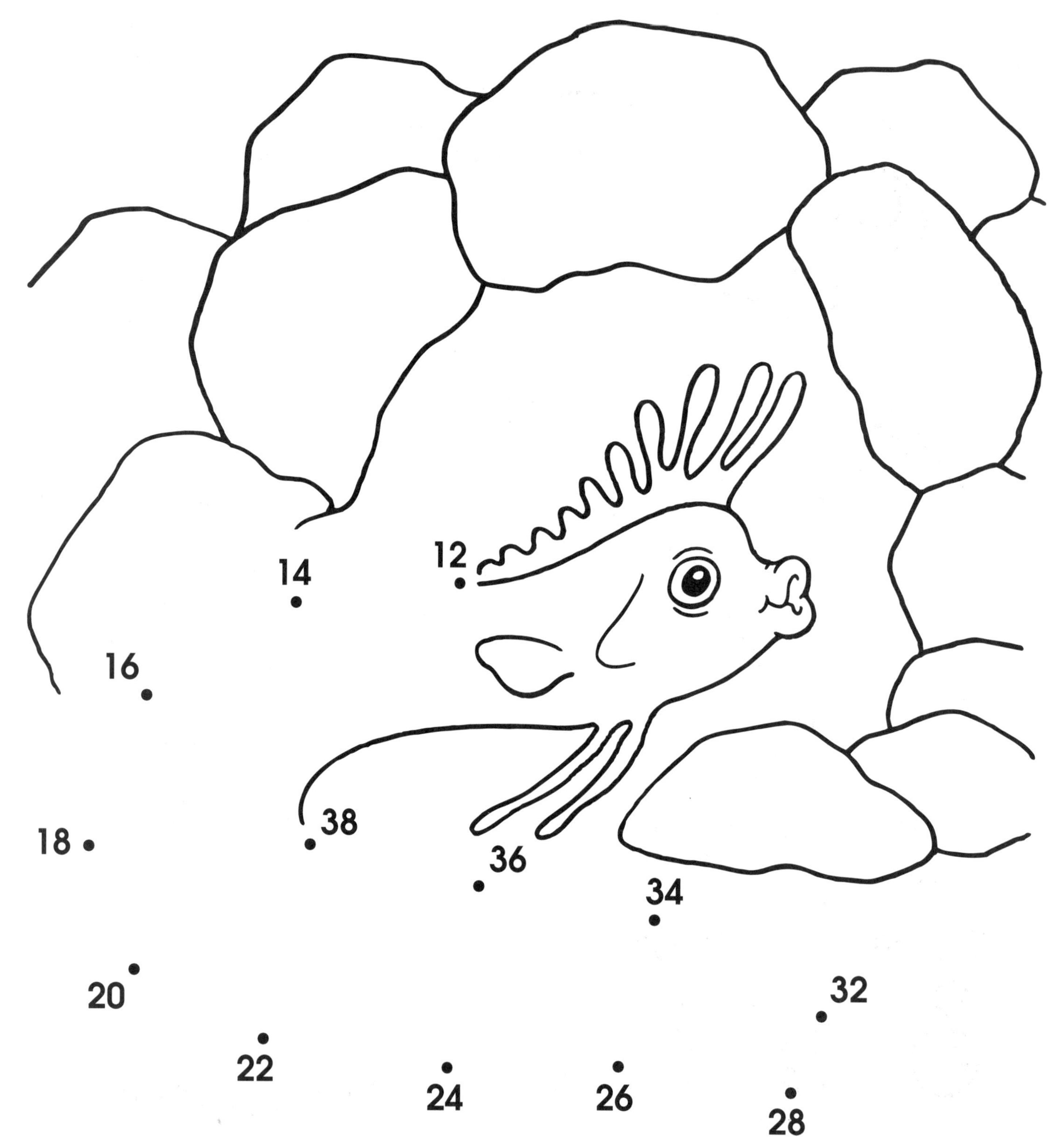

The Spiny Eel

Name ____ Dot-to-Dot 18–46

Eight Arms

Name ____ Dot-to-Dot 20–48

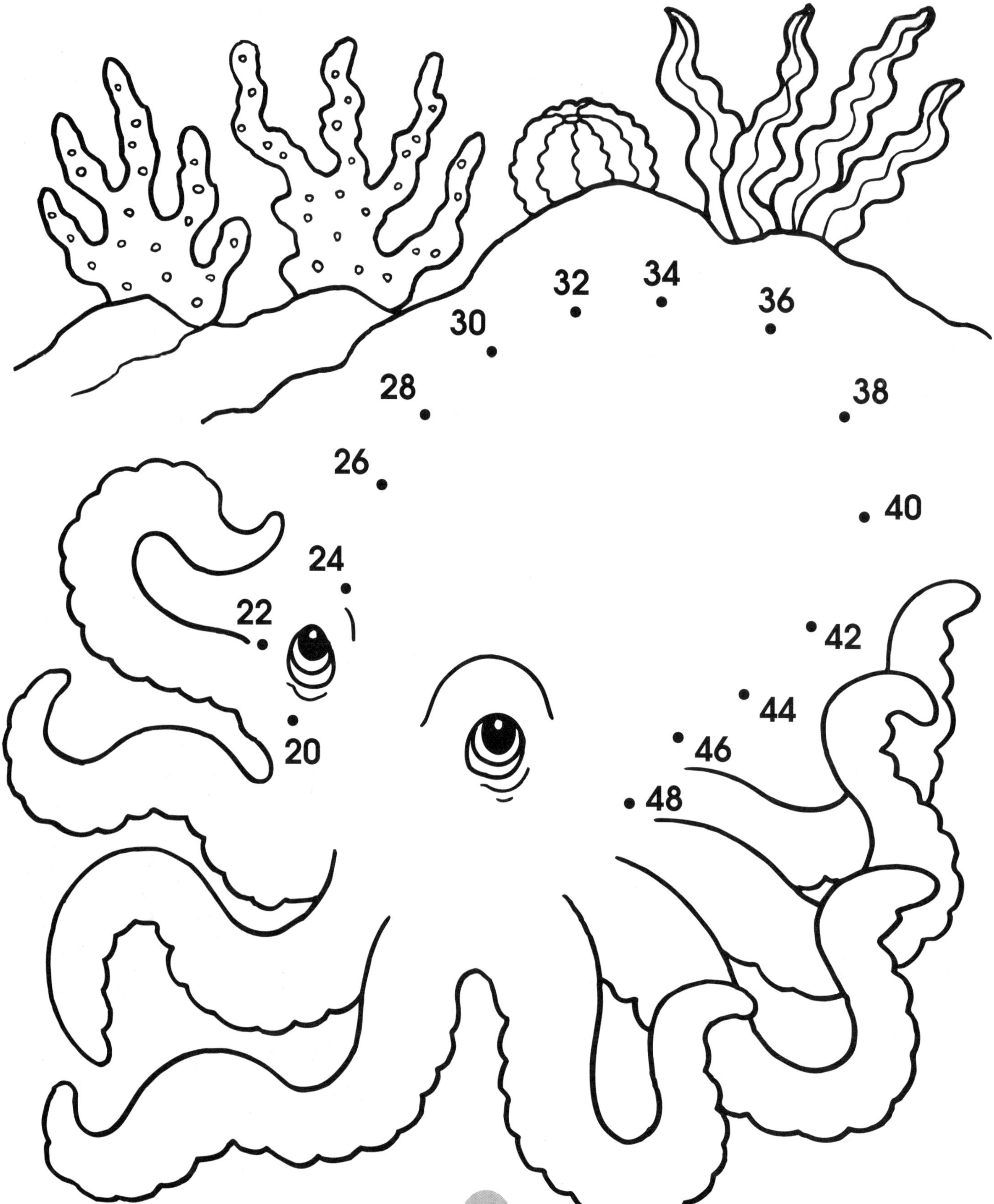

32 34 36 30 28 38 26 40 24 22 42 44 20 46 48

A Friendly Shark

Name ____________________ Dot-to-Dot 21–66

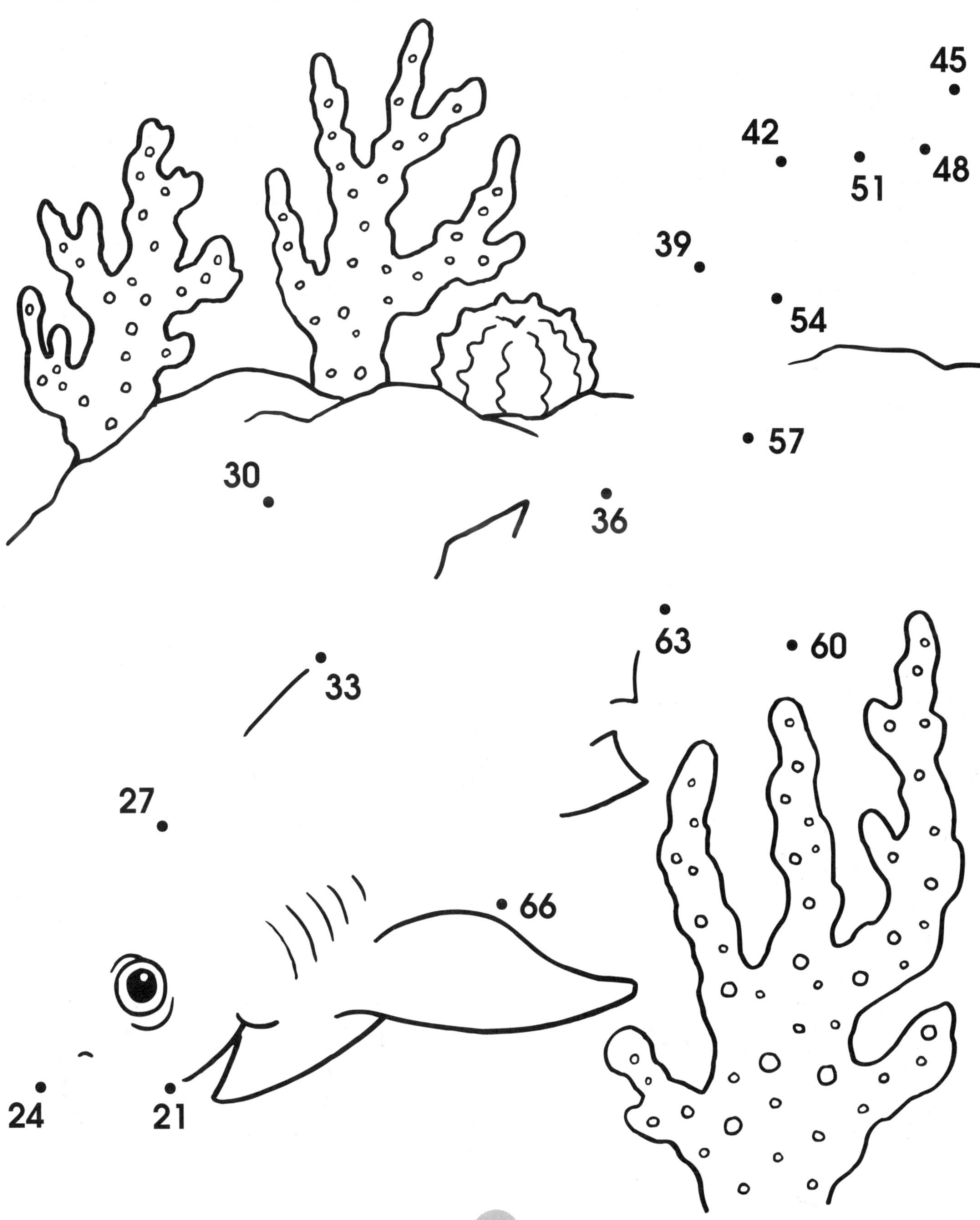

What Shark is This?

Name ____ Dot-to-Dot 24–72

Friend of the Sea

Name ____ Dot-to-Dot 30–78

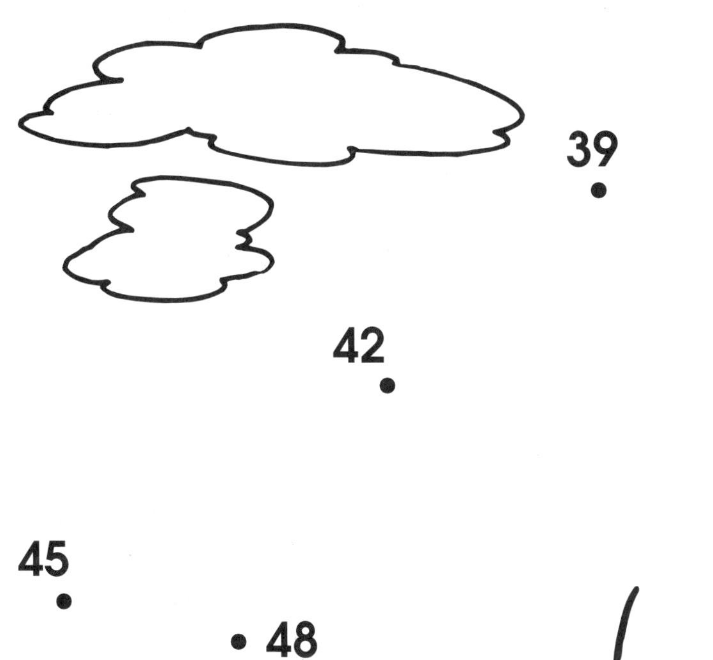

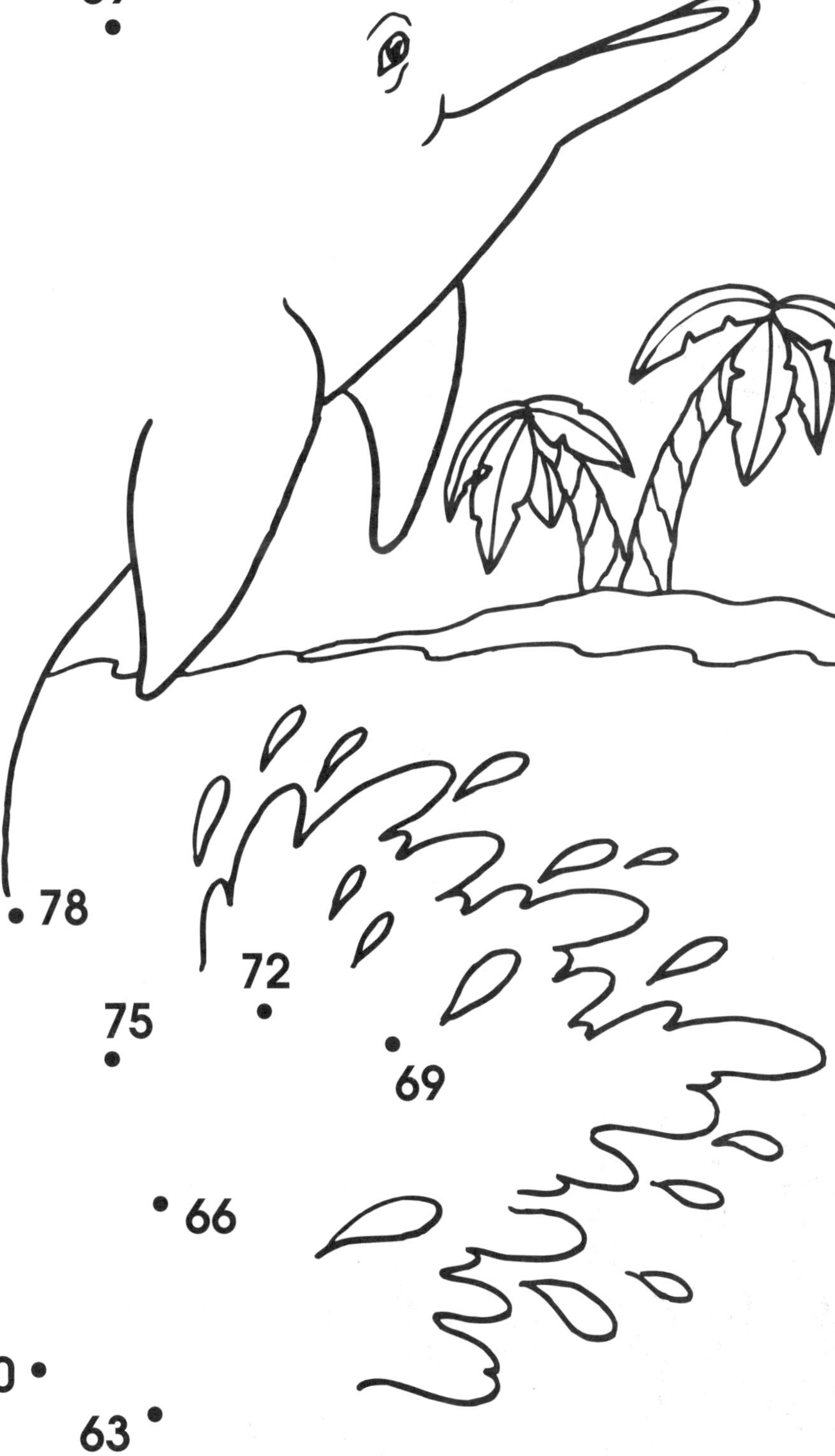

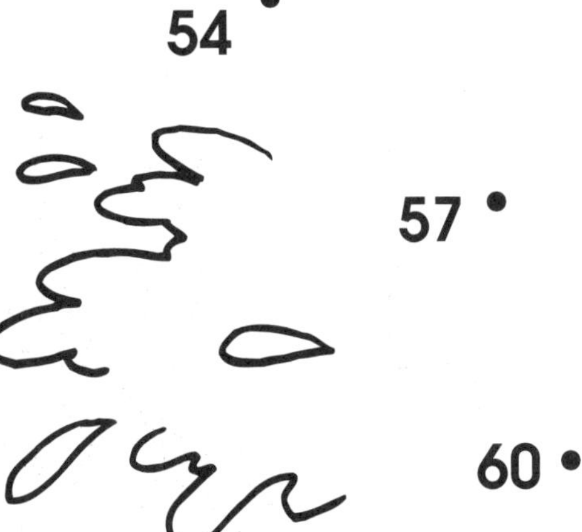

An Underwater Rat?

Name ____________________

Dot-to-Dot 9–60

A Slimy Squid

Name ______________________________ Dot-to-Dot 30–64

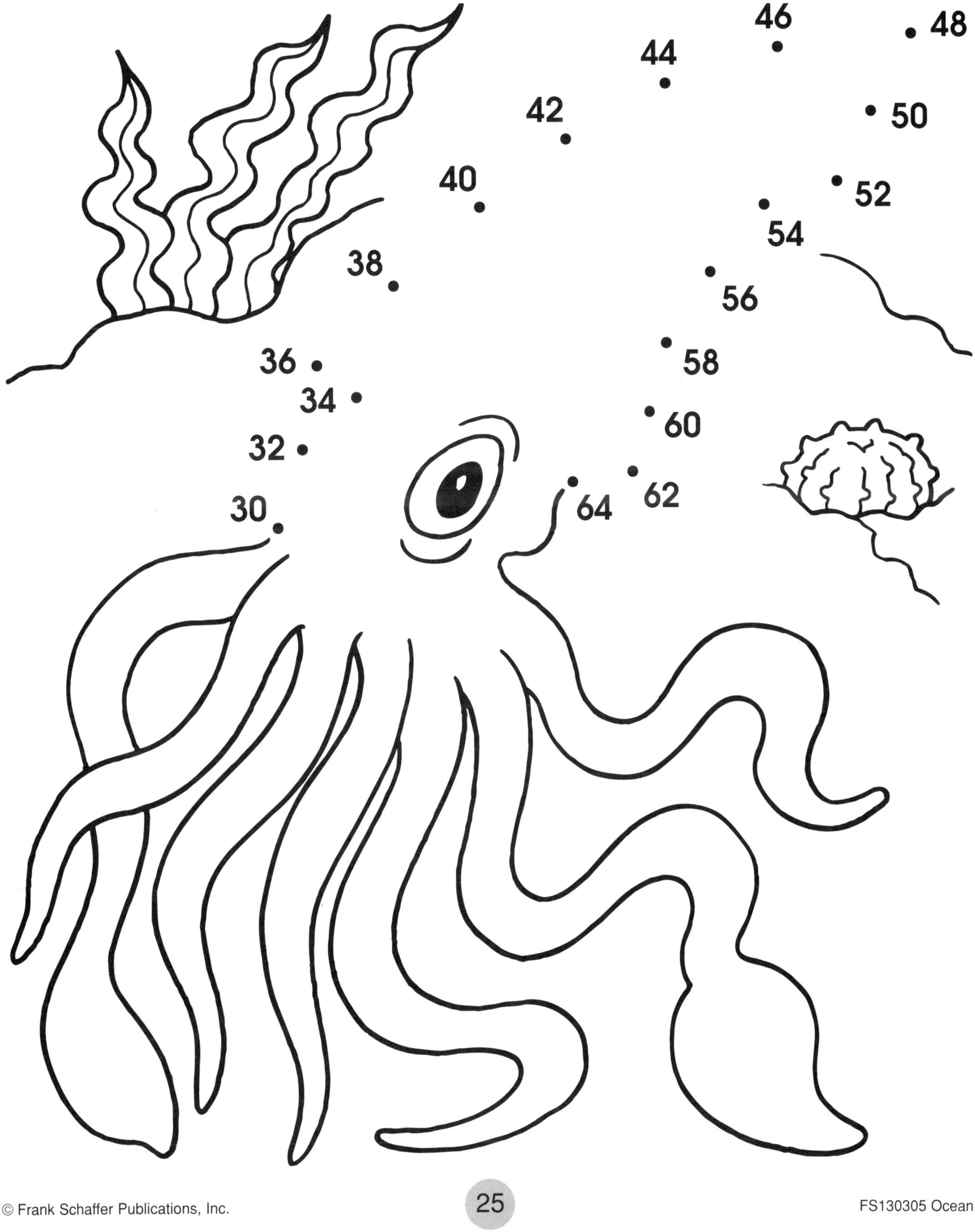

A Tiger Shell?

Name ____________________ Dot-to-Dot 26–60

Dolphin Fun

Name ____ Dot-to-Dot 32–68

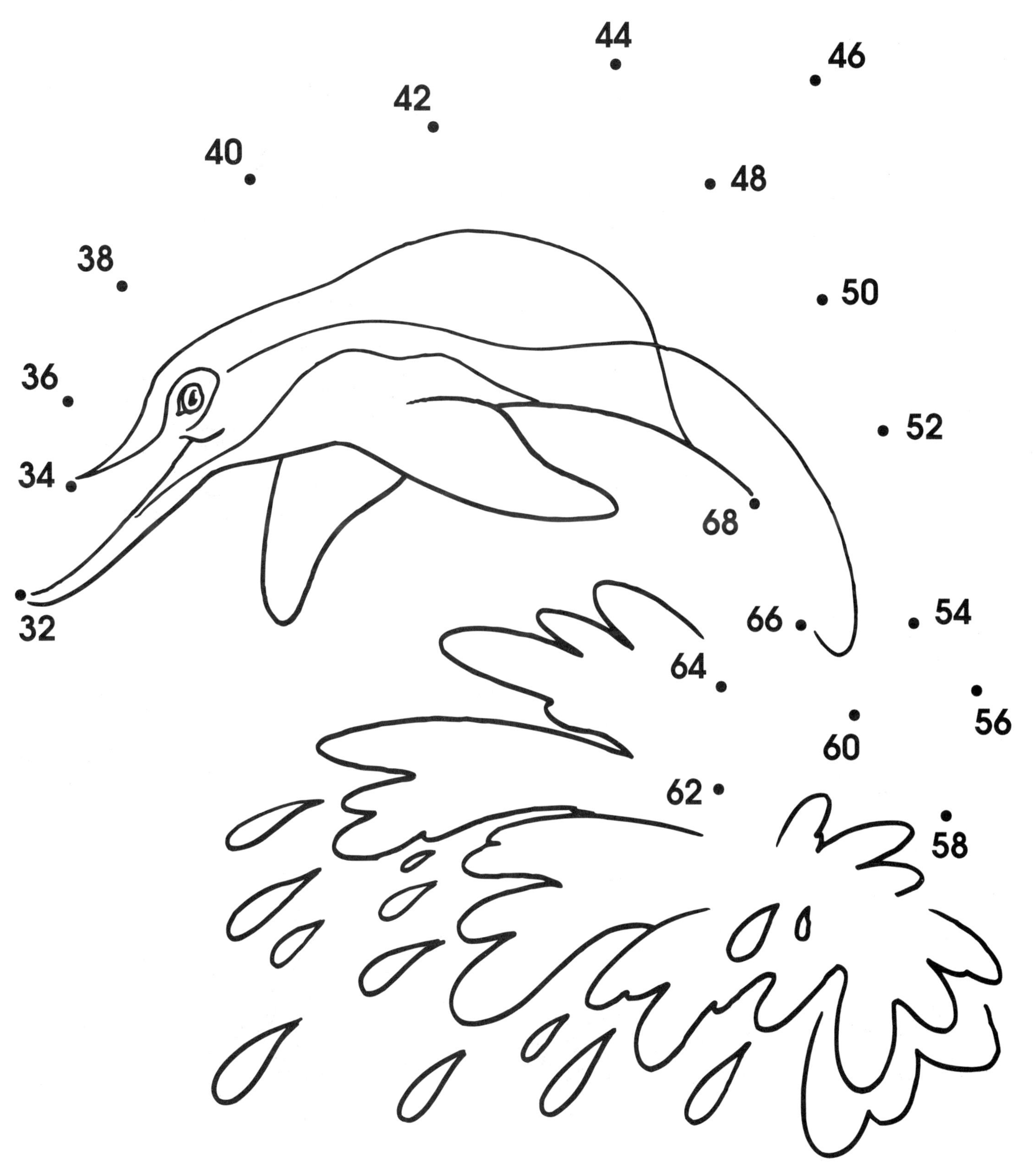

A Pretty Flounder

Name ______________________________

Dot-to-Dot 50–86

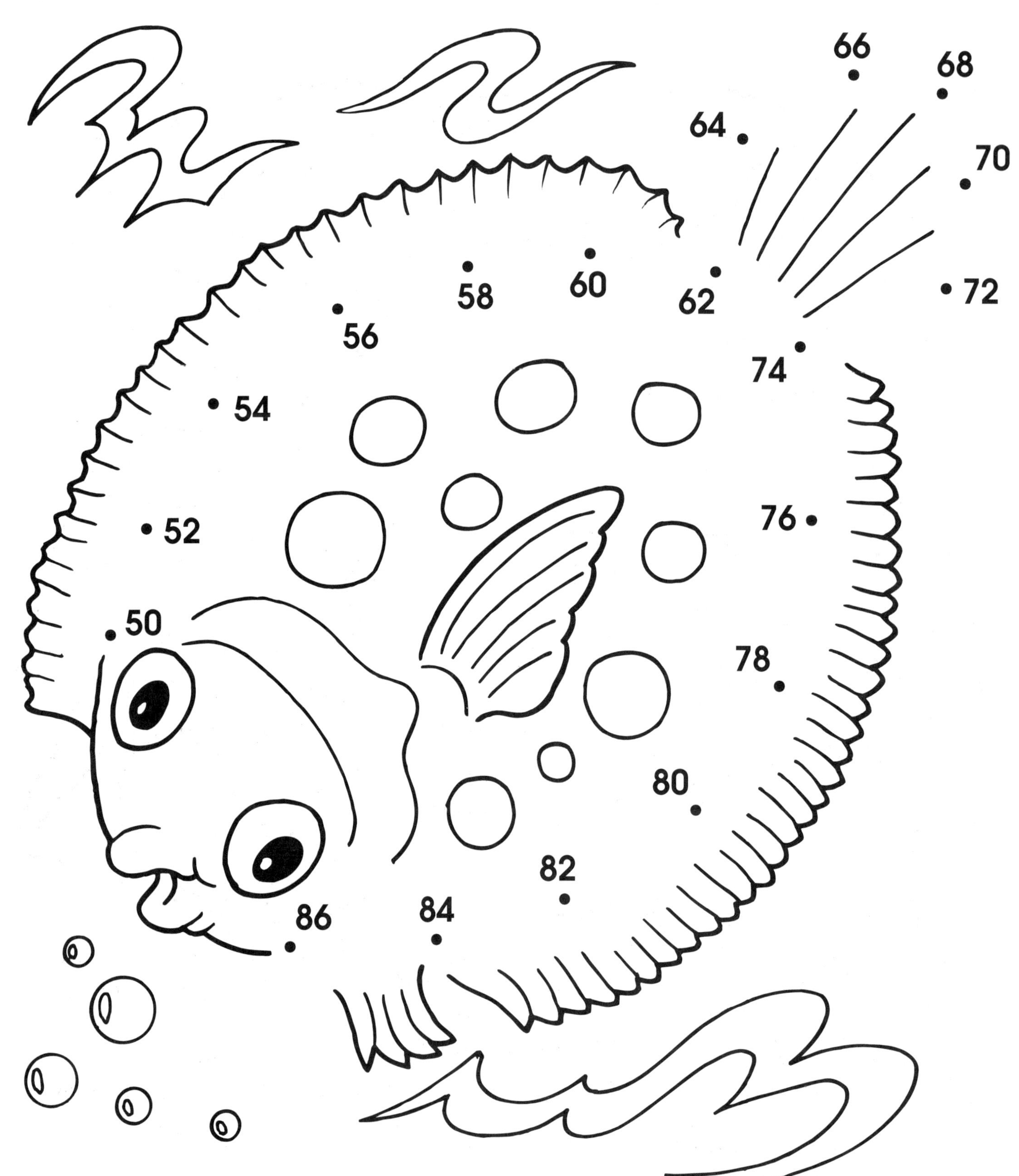

Fiddler on the Sand

Name ____ Dot-to-Dot 12–46

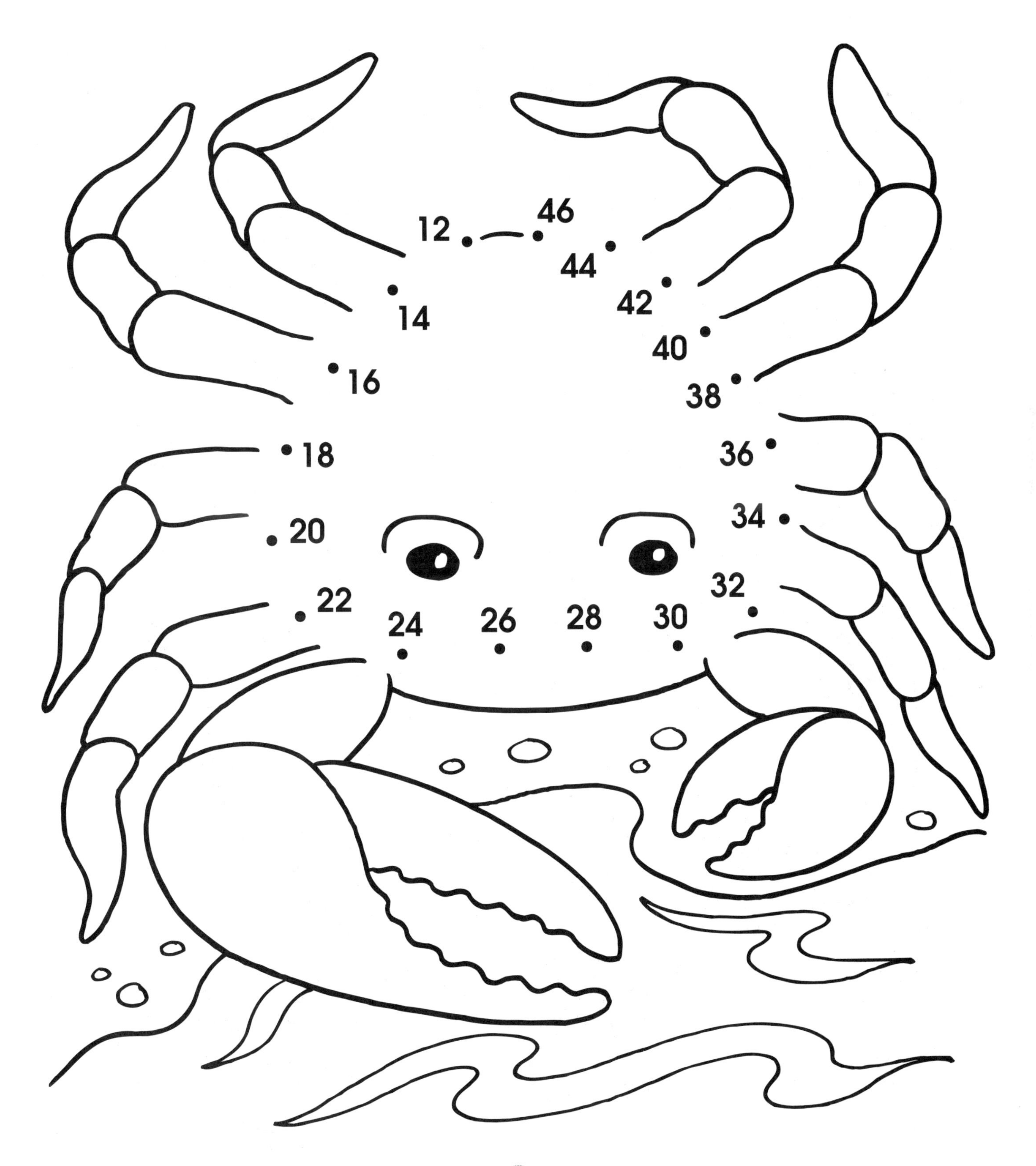

Free to Be Me!

Name ______________________________ Dot-to-Dot 33–90

39 42 45 48 51
36 57 54
60
33
63
66
69
72
90 75
78
87 81
84

A Great Fish

Name ______________________________ Dot-to-Dot 40–76

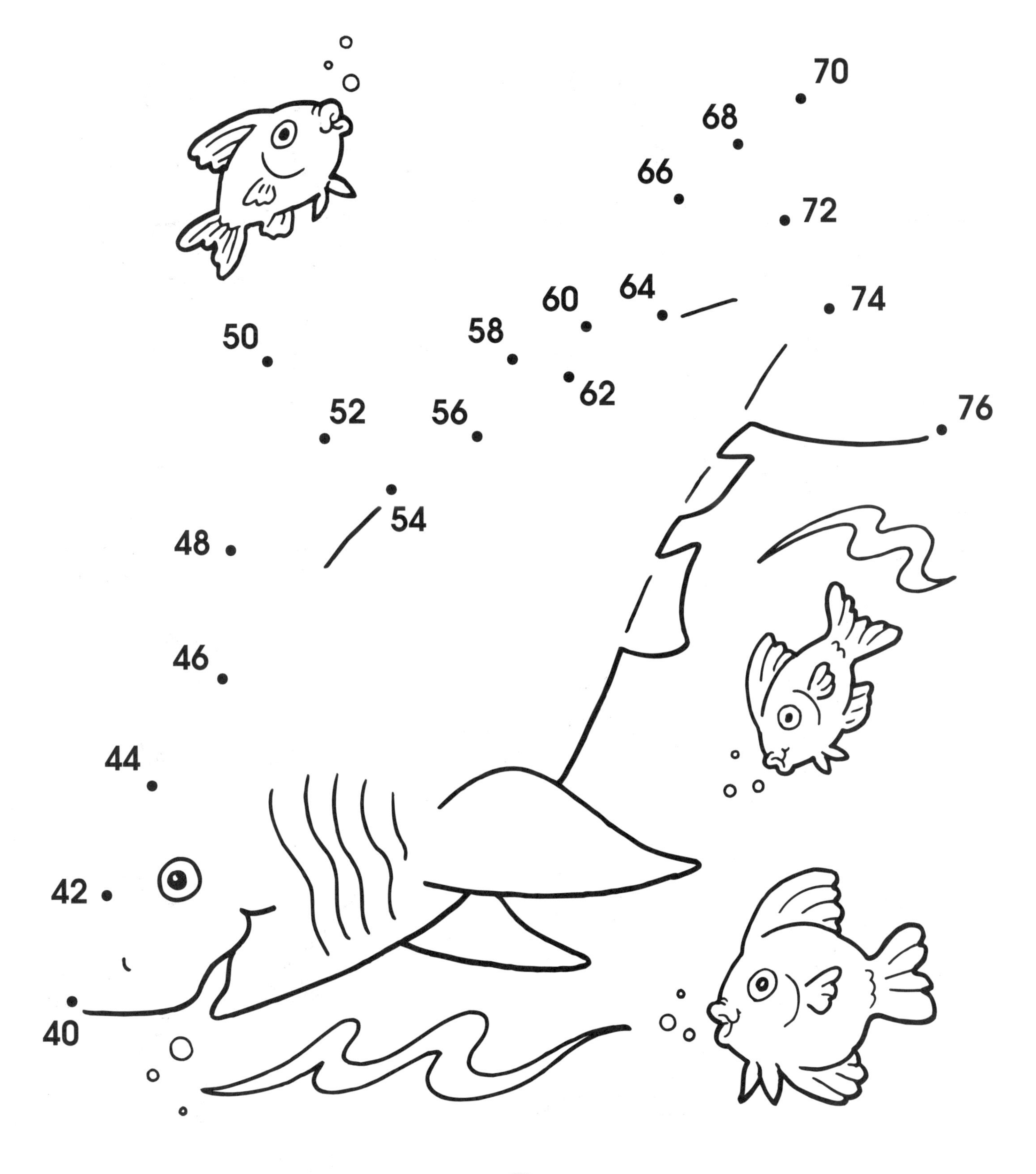

Look Out Below!

Name ______________________________ Dot-to-Dot 50–88

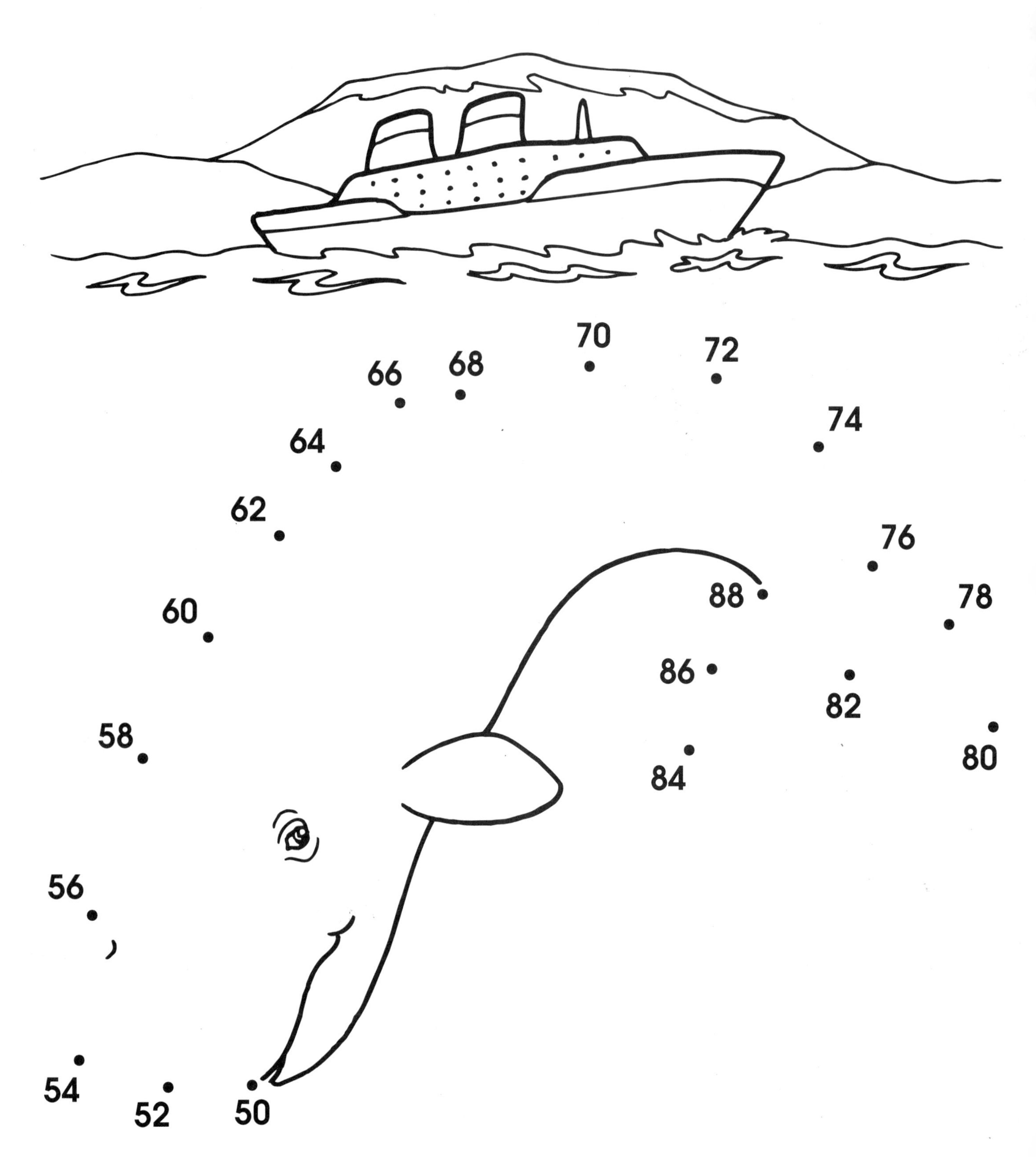